Miedo en el campamento

María Eugenia Santana
Mar Rodríguez

edelsa

Por fin llegan las vacaciones de verano y Mateo, Valentina, Mei y Tinta van a ir a un campamento. Tinta está muy emocionado y contento, pero también un poco nervioso porque es la primera vez.

Mateo: Tinta, mañana a las ocho de la mañana nos vamos al campamento, ¿tienes tu mochila preparada?
Tinta: ¿Necesito una mochila?
Valentina: ¡Claro! ¡Tienes que llevar tu ropa!
Tinta: ¡Ah, es verdad! Camisetas, pantalones, bañador...
Mateo: ¿Llevas calzado?
Tinta: ¿Qué es calzado?
Mateo: Pues las zapatillas de deporte, las chanclas para la piscina.
Tinta: ¡Ah! Pero yo no necesito calzado. Tengo brazos, no pies.
Valentina: ¿Tienes champú, gel de baño y cepillo de dientes?
Tinta: Solo necesito un cepillo de dientes.
Mei: Tampoco necesitas protector solar. ¡Ja, ja, ja!
Tinta: Necesito también una linterna, mi teléfono móvil, una botella de agua... y quiero llevar mi brújula.

Los amigos llegan al campamento.

Mateo: ¡Mirad! Ya llegamos al campamento. ¡Qué bonito!
Valentina: Hay muchas montañas. No hay edificios.
Tinta: Tiene una piscina muy grande.
Mei: Hay tiendas de campaña de diferentes colores.
Mei: Aquí hay niños y niñas que llevan ya una semana.
Tinta: ¡Hola, amigos! Somos nuevos. ¡Me llamo Tinta!
Niños y niñas: ¡Hola! ¡Bienvenidos al campamentoooo!
Nicolás: Hola, soy Nicolás, vuestro monitor.
Mateo: Yo soy Mateo.
Valentina: Y yo, Valentina.
Mei: Yo soy Mei.
Nicolás: Entonces, tú eres Tinta, ¿verdad?
Tinta: Sí, y es la primera vez que estoy en un campamento.
Nicolás: Ya estamos todos. Esta tienda roja es para Valentina y Mei. Esta tienda amarilla es para Mateo y Tinta.
Nicolás: Son las 12:30, tenéis una hora para sacar vuestras cosas de la mochila porque el almuerzo es a las 13:30 en la cafetería.
Mei: ¿Dónde está la cafetería?
Nicolás: Allí, detrás de la piscina.
Tinta: Muchas gracias.

Mateo: Amigos, hay algo raro en este campamento.

Valentina: Sí, todos están muy tristes.

Mei: Tenemos que preguntar al monitor qué está pasando.

Tinta: Nicolás, este campamento es un poco extraño. Los niños y las niñas no están muy contentos.

Nicolás: Bueno, es que tenemos un problema y vamos a cerrar el campamento dentro de tres días...

Mateo: ¿Por qué? ¿Cuál es el problema?

Nicolás: Los niños y las niñas dicen que hay un fantasma.

Tinta: ¿Qué? ¿Un fantasma? ¡Qué miedo! ¡Vámonos!

Nicolás: Los fantasmas no existen, pero los niños y las niñas están asustados porque por las noches ven un fantasma cuando van al cuarto de baño.

Valentina: ¿Y quién es el fantasma?

Nicolás: No lo sabemos. Solo aparece cuando no hay adultos y está oscuro.

Valentina: ¡Si acabamos de llegar, no me quiero ir a casa!

Nicolás: Lo siento, pero los padres están preocupados. Si no descubrimos al fantasma en esos tres días, tenemos que cerrar el campamento.

Tinta: Tengo miedo. No quiero estar aquí.

Valentina: Los fantasmas no existen en la vida real, solo están en las películas.

Mei: Y en los libros de terror.

Mateo: Nicolás, nosotros vamos a descubrir quién es el fantasma.

Valentina: ¡Sí! ¡Vamos a salvar el campamento!

Nicolás: Ahora tenéis que descansar y estar preparados para la excursión de mañana a la cueva de la montaña.

Por la noche, todos están durmiendo. Mateo y Tinta también están en su tienda.

Tinta: Mateo, tengo que ir al cuarto de baño. ¿Vienes conmigo?
Mateo: No, estoy cansado y mañana nos levantamos muy temprano para ir a la cueva.
Tinta: Está muy oscuro.
Mateo: Usa tu linterna.
Tinta: Me puedo perder.
Mateo: Usa tu brújula.
Tinta: Tengo miedo del fantasma.
Mateo: Tinta, los fantasmas no existen.
Tinta: Vale, vale, voy yo solo.

Cuando Tinta está en el cuarto de baño lavándose las manos, de pronto aparece un fantasma detrás de él reflejado en el espejo.

Tinta: ¡Aaahh! ¡El fantasma! ¡Socorro, socorro! ¡Los fantasmas sí existen! ¡Quiero irme a mi casa!

Tinta: ¡El fantasma, el fantasma! ¡El fantasma está en el baño!
Valentina: Los fantasmas no existen, Tinta.
Tinta: Sí, sí, los fantasmas existen.
Los otros niños y niñas: Sí, sí, los fantasmas sí existen. Salen en la oscuridad.
Nicolás: ¿Qué pasa? ¿Por qué estás chillando, Tinta?
Tinta: Ha-ha-hay un fa-fa-fa-fantasma en el ba-ba-bañooo...
Nicolás: No puede ser. Los fantasmas no existen.
Los otros niños y niñas: Sí, los fantasmas existen.
Nicolás: Venga, todos a dormir. Mañana tenemos que levantarnos a las ocho para ir a la cueva.
Mateo: Vamos a dormir, Tinta.
Tinta: No me puedo dormir. Tengo mucho miedo.
Mateo: No te preocupes. Estás conmigo. En la tienda no hay fantasmas.

Al día siguiente...

Nicolás: Buenos días, son las ocho de la mañana. Hay que levantarse. El desayuno es a las ocho y media.
Valentina: Mei, despierta. Tenemos que ir al baño a ducharnos, vestirnos y peinarnos. Solo tenemos treinta minutos.
Mei: Voy.

Luego, en la cafetería del campamento...

Nicolás: Ahora vamos a desayunar, y a las 9 tenemos que regresar a las tiendas para recoger las mochilas.
Mateo: ¿Qué tenemos que llevar en la mochila para visitar la cueva?
Nicolás: Lo más importante es la linterna, porque la cueva está muy oscura. También tenemos que llevar una botella de agua y una gorra para el sol.
Tinta: ¿Puedo llevar mi brújula?
Nicolás: Sí, claro. Así no nos perdemos en la cueva.
Mei: ¿Podemos llevar el teléfono móvil?
Nicolás: No, las actividades del campamento son para estar en contacto con la naturaleza y hacer nuevos amigos.
Mateo: ¿Vamos a caminar mucho?
Nicolás: Tenemos que caminar una hora para llegar a la montaña donde está la cueva.
Valentina: ¿Cuánto tiempo vamos a estar en la cueva?
Nicolás: Una hora y media, más o menos.
Tinta: ¡Qué divertido! Es la primera vez que visito una cueva.
Nicolás: Venga, ahora tenéis media hora para lavaros los dientes y tenéis que poneros protector solar porque hace mucho sol en la montaña.

Después del paseo entran en la cueva.

Mei: ¡Esta cueva está muy oscura!
Mateo: Da un poco de miedo.
Tinta: ¡El fantasma, el fantasma! ¡Ahí está otra vez el fantasma!
Mei: ¿Dónde?
Tinta: ¡Allí, al lado de esa roca!
Mateo: ¡Es verdad! ¡Está allí! ¡Vamos a buscarlo!
Valentina: ¡Corre Mateo, corre! ¡Vamos a atrapar al fantasma!
Mateo: Ya no está, ese fantasma corre muy rápido.
Tinta: Los fantasmas corren más rápido que las personas.
Mateo: No es un fantasma, Tinta, es una persona.
Valentina: ¡Mirad! Hay un cómic en el suelo.
Mateo: ¡Es del fantasma! Ahora tenemos una pista: le gustan
los cómics.
Mei: Es muy raro... Un fantasma que lee cómics.
Tinta: Es un fantasma lector.
Mateo: Valentina, esconde el cómic. Es nuestro secreto.
Nicolás: ¿Dónde está el fantasma?
Mei: Se escapó.
Tinta: Los fantasmas son más inteligentes que las personas.
Nicolás: Bueno, nos vamos a comer al campamento.

De vuelta en el campamento, en la tienda miran el cómic.

Mei: Es un cómic de terror. Me encantan.
Valentina: Al fantasma también le gustan los cómics de terror.
Tinta: Los cómics de terror dan menos miedo que los fantasmas. Yo tengo miedo del fantasma.
Valentina: Los niños y las niñas tienen más miedo que tú, Tinta.
Mateo: Tenemos que tender una trampa al fantasma para salvar el campamento.
Valentina: Tengo una idea. Mei, tú dibujas muy bien. ¿Por qué no haces un cómic de terror?
Tinta: No me gustan esos cómics, me gustan los cómics divertidos.
Mateo: Ya, pero nuestro fantasma no es una persona divertida, le gusta asustar.
Valentina: Vamos a dibujar un cómic de terror para el fantasma.

Valentina: Este es el plan: Mei va a dibujar uno.

Mei: No tengo mis lápices de colores.

Valentina: No los necesitas. Vamos a usar tinta fosforescente.

Mei: ¿Qué es eso?

Valentina: La tinta fosforescente es una tinta especial que atrapa la luz y brilla en la oscuridad.

Tinta: ¡Qué buena idea, Valentina!

Mei: No entiendo nada.

Valentina: Esta noche, Tinta va a ir al baño y, cuando aparezca, Tinta va a salir corriendo, pero va a dejar nuestro cómic en el lavabo.

Tinta: ¿Yo me escapo y el fantasma se lleva el cómic?

Mei: Sí, estamos tendiendo una trampa al fantasma.

Valentina: Claro, así el fantasma va a leer el cómic y se va a manchar las manos.

Mateo: Y como la tinta es fosforescente, sus manos van a brillar en la oscuridad. La persona con las manos brillantes es el fantasma. Es una trampa perfecta.

Tinta: ¡Vamos a atrapar al fantasma!

Valentina: Ahora, tenemos que planificar una actividad en la oscuridad para poder ver a qué niño o niña le brillan las manos.
Mei: No tenemos mucho tiempo. Mañana es el tercer día y van a cerrar el campamento.
Mateo: Podemos hablar con Nicolás y decirle que queremos ver una película como actividad de despedida.
Valentina: Una película de terror, porque al fantasma le gusta.
Mei: Necesito dibujar rápido. No tengo tinta.
Tinta: Como yo soy especial, también tengo tinta.
Mei: Pero tu tinta no es fosforescente.
Tinta: No, mi tinta es de color negro y no brilla en la oscuridad.
Mateo: Tengo que hablar con Nicolás. Seguro que Nicolás tiene.

Mateo: ¡Hola, Nicolás!

Nicolás: ¡Hola, Mateo!

Mateo: Estás más preocupado que ayer.

Nicolás: Sí, por la presencia del fantasma en la cueva. Mañana cerramos el campamento definitivamente.

Mateo: ¡No! Tenemos un plan para atrapar al fantasma, pero necesitamos tu ayuda.

Nicolás: Estoy muy ocupado, tengo que organizar el cierre del campamento.

Mateo: Si nuestro plan funciona, no tienes que cerrar el campamento. Solo tienes que organizar una actividad.

Nicolás: ¿Otra actividad? Pero si estoy anulando actividades.

Mateo: Esta actividad es muy importante. Si haces esta actividad, no vas a tener que anular las otras.

Nicolás: ¿Estás seguro?

Mateo: Sí, mis amigos son muy inteligentes.

Nicolás: ¿Qué actividad?

Mateo: Vamos a ver una película de terror.

Nicolás: ¿Más terror en el campamento?

Mateo: Sí, porque al fantasma le encanta el terror.

Es de noche, Mateo y Tinta están en su tienda.

Mateo: Tinta, ya está oscuro, tienes que ir al baño.
Tinta: Tengo miedo del fantasma.
Mateo: No es un fantasma de verdad, es un niño o una niña.
Tinta: ¿Por qué no vienes conmigo?
Mateo: Si vamos juntos, el fantasma no va a aparecer.
Tinta: ¿Por qué no vas tú?
Mateo: No podemos cambiar el plan. Al fantasma le gusta asustarte a ti.
Tinta: ¿Porque soy un pulpo?
Mateo: No lo sé, pero tienes que ir ahora.
Tinta: Vale, vale. Voy, pero tengo miedo.
Mateo: No te olvides de llevar el cómic.

Cuando Tinta está lavándose las manos, el fantasma aparece otra vez y Tinta deja el cómic en el lavabo y va corriendo a buscar a Mateo. Cuando los dos vuelven juntos, el cómic ya no está.

Mateo: ¡Buen trabajo, Tinta!

A la mañana siguiente…

Nicolás: Niños y niñas, hoy es el último día de campamento por culpa del fantasma. Como despedida, esta noche vamos a proyectar una película de terror en el auditorio.

Tinta: ¿Por qué una película de terror y no de aventuras?

Nicolás: Tenemos un fantasma y está asustando a los niños y niñas. Pero nosotros vamos a demostrar que somos valientes porque sabemos que los fantasmas solo están en las películas y en los libros.

Tinta: Y en los cómics.

Mei: ¡Tinta, cállate!

Mateo: Me encantan las películas de terror porque no son reales.

Valentina: Y pasan cosas que no pueden pasar en la vida real.

Nicolás: Después de la película vamos a encender un fuego al aire libre para hablar sobre la película y vamos a beber chocolate caliente.

Tinta: También podemos contar las estrellas y ver la Luna.

Mei: Va a ser una despedida muy bonita.

Por la noche, todos están en el auditorio.

Nicolás: Vamos a nuestros asientos, la película va a empezar.
Mateo: En cinco minutos van a apagar las luces.
Valentina: Tenemos que estar muy atentos para ver quién tiene las manos brillantes.
Tinta: Hay muchas personas en el auditorio.
Mateo: Nicolás va a ayudarnos. Él también tiene un plan.
Nicolás: ¡Atención, niños y niñas! Voy a apagar las luces, y todos vamos a levantar las manos y a gritar: «¡No queremos fantasmas en el campamento!». ¿Preparados?
Todos juntos: ¡No queremos fantasmas en el campamento!
Tinta: ¡Oye, tú! ¿Por qué tienes las manos brillantes?
Nicolás: Daniel, tienes las manos brillantes. Tú eres el fantasma. ¿Por qué quieres que cierre el campamento?

Daniel: Todos se ríen de mí porque me gustan los cómics y las películas de terror, y me gusta llevar ropa de color negro. Me aburro porque no tengo amigos y, si el campamento cierra, puedo ir a mi casa.

Mateo: ¿Quién se ríe de ti?

Daniel: Todos los niños y todas las niñas del campamento.

Valentina: Eso no está bien. Todos somos diferentes.

Mei: A mí también me gustan los cómics y las películas de terror, y me encanta la ropa negra, pero mis amigos no se ríen de mí.

Tinta: Yo soy un pulpo, tengo ocho brazos y soy rosa, pero mis amigos no se ríen de mí.

Mateo: Nos gusta tener amigos diferentes.

Daniel: ¿Puedo ser vuestro amigo?

Mateo: Claro que sí. Todos vamos a ser amigos.

Nicolás: ¡Qué bien! El campamento ya no va a cerrar.

Tinta: Vamos a leer juntos nuestro cómic de terror.

1. Lee la página 3 y busca en la sopa de letras los 9 objetos que Tinta necesita en el campamento.

A	V	L	L	A	N	T	G	Z	C	T	S	E	C
L	I	N	T	E	R	N	A	O	L	U	R	E	E
I	B	P	S	C	U	A	V	N	L	R	P	A	P
B	O	I	A	T	C	N	E	X	Q	I	A	E	I
R	T	C	U	K	A	L	R	E	M	L	N	A	L
O	E	E	T	Y	M	I	S	N	O	U	T	B	L
S	L	S	L	Á	I	I	Z	O	C	L	A	A	O
A	L	D	X	Z	S	E	H	L	H	U	L	A	D
Q	A	E	J	P	E	Q	V	N	I	J	O	R	E
L	D	C	A	L	T	U	L	A	L	O	N	A	D
H	E	O	C	T	A	V	L	I	A	T	E	E	I
V	A	L	Q	T	R	L	Y	Q	O	N	S	E	E
S	G	O	T	T	E	L	É	F	O	N	O	M	N
A	U	R	U	Ñ	G	A	M	D	S	G	U	I	T
B	A	Ñ	A	D	O	R	K	Q	Q	V	R	H	E
B	R	Ú	J	U	L	A	N	L	R	M	I	P	S

2. Lee las palabras y señala el intruso.

a. linterna-luz-tienda de campaña-día

b. teléfono-comunicación-pantalla-mochila

c. Norte-Sur-cámara-Este-Oeste

d. miedo-fantasma-terror-divertido

e. campamento-exámenes-tiendas-saco de dormir

f. zapatillas-chanclas-botas-gorra

3. Mira la ilustración de la página 4 y completa las frases.

a. Hay seis _____ delante de los árboles.

b. Hay cuatro _____ marrones.

c. Hay dos _____ tristes y dos niños _____.

d. La _____ es muy grande.

e. Al fondo hay _____ muy altas.

f. La cafetería está _____ de la piscina.

4. Lee las frases y marca si son verdaderas o falsas. Escribe el número de la página donde está la información.

	V	F
a. La tienda de Mateo y Tinta es roja. Página ...	☐	☐
b. El almuerzo en el campamento es a las 12:00. Página ...	☐	☐
c. La cafetería está detrás de la piscina. Página ...	☐	☐
d. Los niños y las niñas del campamento están muy contentos. Página ...	☐	☐
e. El fantasma solo aparece durante la noche. Página ...	☐	☐
f. Un fantasma aparece en el espejo del baño. Página ...	☐	☐
g. La cueva está muy oscura. Página ...	☐	☐
h. La tinta fosforescente brilla con la luz. Página ...	☐	☐
i. Al fantasma le encanta el terror. Página ...	☐	☐
j. Daniel tiene las manos brillantes. Página ...	☐	☐

5. Completa las frases con la palabra adecuada.

bien ǀ tristes ǀ asustado ǀ preocupados
raro ǀ inteligentes ǀ nervioso

a. Tinta está _____ porque es su primera vez en un campamento.

b. Hay algo _____ en el campamento.

c. Los niños y las niñas del campamento están _____.

d. Tinta está _____ porque hay un fantasma en el baño.

e. Los padres están _____.

f. Valentina, Mateo y Mei son muy _____.

g. Mei dibuja muy _____.

6. Relaciona las palabras para crear frases correctas.

El fantasma	son	menos miedo	que	la tinta negra.
Los fantasmas	dan	más inteligentes	que	los niños del campamento.
Las películas de aventuras	es	más brillante	que	las personas.
La tinta fosforescente	están	más asustados	que	los cómics de terror.
Los niños	corre	más rápido	que	el fantasma.

7. **Mira las ilustraciones y relaciona cada una con una frase: escribe el número de la ilustración en el cuadrado.**

a. Daniel tiene las manos brillantes. ☐

b. El fantasma aparece en la cueva al lado de una roca. ☐

c. El fantasma coge el cómic en el baño. ☐

d. Los niños leen un cómic dentro de la tienda. ☐

e. Mei dibuja un cómic con tinta fosforescente. ☐

f. Tinta está muy asustado. ☐

1.

2.

3.

4.

5.

6.

8. Elige la opción correcta.

1. Tinta...
   a. es el primero en llegar al campamento.
   b. va al campamento por primera vez.
   c. es el fantasma del campamento.

2. Los fantasmas...
   a. aparecen en los libros, cómics y películas.
   b. sí existen.
   c. no existen.

3. Para ir a la cueva, los niños y niñas necesitan llevar...
   a. el teléfono móvil, una brújula, una botella de agua y una gorra.
   b. una brújula, una botella de agua y una gorra.
   c. el teléfono móvil, una brújula, una botella de agua y una gorra.

4. A Mei le gustan...
   a. los cómics, las películas de terror y la ropa negra.
   b. los cómics, la ropa negra y reírse de sus amigos.
   c. los cómics, las películas de fantasía y la ropa negra.

5. Daniel quiere...
   a. dibujar un cómic.
   b. bañarse en la piscina.
   c. regresar a su casa porque se aburre en el campamento.

6. El plan de Tinta, Mateo, Valentina y Mei...
   a. es descubrir al fantasma.
   b. no funciona porque el campamento cierra.
   c. es ver una película de terror.

9. Lee y ordena la historia.

	Nicolás dice que va a cerrar en tres días si no descubren al fantasma.
	Al fantasma se le cae un cómic de terror en la cueva.
	Todos están muy tristes porque el campamento va a cerrar.
	El fantasma coge el cómic con tinta fosforescente del baño.
	Cuando están en la cueva, el fantasma aparece en la oscuridad.
	Tinta está nervioso porque es su primera vez en el campamento.
	Valentina, Mateo, Tinta y Mei tienen un plan para atraparlo.
	Cuando Tinta está en el baño ve al fantasma en el espejo.
	Cuando están a oscuras, las manos de Daniel brillan.
	Hay un fantasma y los niños y las niñas tienen miedo.
	Daniel pide perdón por asustar a los niños y a las niñas.
	Mei dibuja un cómic de terror con tinta fosforescente.

10. Contesta a las preguntas.

a. ¿Existen los fantasmas en la vida real?

c. ¿Por qué da miedo la cueva?

d. ¿Cuál es el secreto de Mateo, Valentina, Tinta y Mei?

e. ¿Por qué no cierra el campamento?

f. ¿Por qué los niños y las niñas del campamento se ríen de Daniel?

11. Señala cuál es la trampa para atrapar al fantasma.

a. Nicolás va a poner una película de aventuras y el fantasma va a leer el cómic de terror durante la película.

b. El fantasma roba el cómic de Mei y se mancha las manos de tinta fosforescente. En la cueva sus manos brillan.

c. Mei dibuja un cómic de terror con tinta fosforescente. El fantasma se lleva el cómic y se mancha con la tinta: sus manos brillan en la oscuridad durante la proyección.

Primera edición: 2024

© Edelsa Grupo Didascalia, S. A. Madrid, 2024

© Autoras: Mar Rodríguez y María Eugenia Santana

Equipo editorial
Coordinación: Mila Bodas
Edición: María Sodore
Ilustraciones: Gustavo Mazali
Diseño de cubierta: Carolina García
Diseño y maquetación: Carolina Garcia
Corrección: Carlos Miranda de las Heras

ISBN: 978-84-9081-873-2
Depósito legal: M-8277-2024

Impreso en España/*Printed in Spain*

PAPEL DE FIBRA
CERTIFICADA